MW01124069

historias, dichos y pasajes que alientan e inspiran el...

amor

por las
madres
primerizas

STEPHANIE HOWARD

Pasajes bíblicos personalizados por
LEANN WEISS

Publicado por
Editorial Unilit
Miami, Fl. 33172
Derechos reservados

© 2003 Editorial Unilit (Spanish translation)
Primera edición 2003

© 2002 por Stephanie Howard
Originalmente publicado en inglés con el título: *Hugs for New Moms*
por Howard Publishing Co.,
3117 North 7th Street,
West Monroe, LA 71291-2227

Todos los derechos de publicación con excepción del idioma inglés son
contratados exclusivamente por
GLINT
P. O. Box 4060
Ontario, California 91761-1003, USA.
(All non-English rights are contracted through:
Gospel Literature International,
PO Box 4060, Ontario, CA 91761-1003, USA.)

Traducido al español por: Cecilia Romanenghi de De Francesco
Paráfrasis de las Escrituras por: LeAnn Weiss

Las citas bíblicas se tomaron de
La Santa Biblia Nueva Versión Internacional © 1999 por
la Sociedad Bíblica Internacional.
Usada con permiso.

Producto 497824
ISBN 0-7899-1071-3
Impreso en Colombia
Printed in Colombia

Contenido

Diez cosas que aprendí durante mi primer año de maternidad

1. Cuando regresas del hospital con tu bebé, asegúrate de tener medicina para los cólicos.

2. En cuanto te sientes a disfrutar tranquila de una comida, *¡el bebé se despertará!*

3. Deja de lado las prendas de tu guardarropa que deban llevarse a la tintorería... de manera indefinida.

4. Los bebés disfrutan tanto (o más) de la caja como del juguete caro que se encuentra en el interior.

5. Las tapas para enchufes no están hechas a prueba de niños.

6. Los bebés saben mucho más de lo que creemos.

7. ¡Los dientes de los bebés hacen daño!

8. Si no se sostiene al bebé en la forma adecuada, hasta el mínimo peso puede dañar tu espalda.

9. No olvides de disponer de algún tiempo para ti misma.

10. ¡Saborea cada instante porque los bebés crecen con demasiada rapidez!

capítulo 1

La canción
de una mamá primeriza

Te bendeciré y multiplicaré tu familia, guardaré mi **pacto** de *amor* contigo.

No permitas que la ansiedad te quite el *gozo;* en cambio, **cuéntame** cuáles son tus preocupaciones y necesidades

y *agradéceme* por adelantado. **Al orar, descubrirás que** mi *paz* incomparable eclipsa todos tus problemas e inseguridades.

Siempre conténtate con lo que tienes,

con la seguridad de que nunca te dejaré ni te

abandonaré.

Supliré toda tu necesidad

conforme a mis interminables **riquezas** en *gloria.*

El que es fiel en proveer,

Tu Príncipe de paz

Tomado de Deuteronomio 7:12-13; Juan 16:33; Filipenses 4:6-7;
Hebreos 13:5; Filipenses 4:19

La mayoría de las madres tienen una canción de cuna favorita que les cantan a sus recién nacidos para que se queden dormidos. Quizá sea el tradicional «Duérmete, mi niño», o a lo mejor una dulce canción de amor que parece expresar los sentimientos que tiene hacia su bebé. Los especialistas del sueño sugieren dos razones por las que las madres deben cantarles a sus pequeños, aunque no puedan entonar bien. En primer lugar, la mayoría de los bebés se tranquilizan mediante una rutina que los ayude a relajarse. Además, una canción suave cantada por una voz familiar hace que el bebé se sienta seguro y tranquilo.

Tu bebé ha escuchado tu voz desde el mismo momento en que comenzó a oír dentro del útero. Te escuchó reír, llorar, tararear y silbar. Al entrar en este mundo, escuchó tus quejidos al pujar y tus gritos de euforia. Al salir expulsado de un útero cálido y oscuro a una habitación muy iluminada y fría, la única cosa que a tu bebé le resultó familiar fue el sonido de tu voz. ¿Acaso le importó si eres soprano, contralto o algo por el estilo? No. Todo lo que le importó fue la seguridad y el bienestar que le proporcionaba tu voz familiar.

Con el paso del tiempo, se producirán muchos cambios, pero hay algo que seguirá siendo igual: tu hijo siempre se esforzará por escuchar tu voz por encima del caos de la vida. Cuando vengan las luchas, tu voz será la que él busque.

Así que la próxima vez que le cantes a tu bebé, recuerda: Tu voz es la única melodía que abre ventanas de bienestar y de amor.

Cuando dejamos a nuestros hijos
en las manos del Padre y reconocemos
que Él tiene el control de sus vidas y
de las nuestras, tanto nosotras como
ellos tendremos una paz mayor.

Stormie Omartian

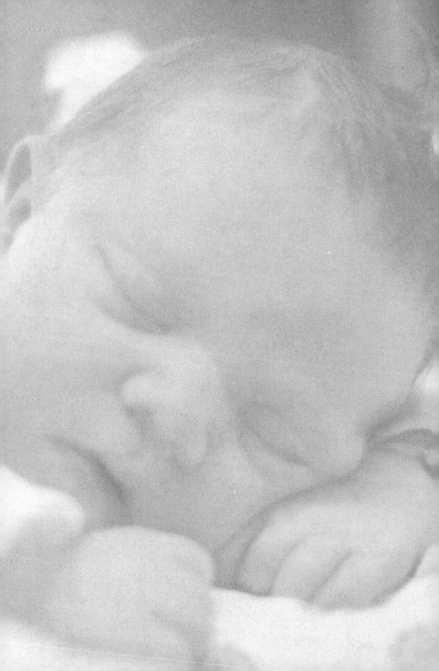

Foto por Sheryl Weaver

La canción de cuna de Lisa

Él dice: «*Paz, paz, cálmate...*». El coro de la iglesia favorito de Lisa ha sido la canción de cuna que le ha cantado a su hijo para que se duerma desde que lo trajo a casa del hospital. Aunque no era una típica canción de cuna, pensar en su Salvador a ella le producía un efecto tranquilizante que también ayudaba a su pequeño a caer en un sueño tranquilo. «*Como un niño, las olas le obedecen, cuando dice: "Paz, cálmense"*». Con suavidad acostó a Tomás, de ocho meses, en su cuna y en silencio cerró la puerta de la habitación y se fue.

Lisa entró a la sala de su pequeño apartamento donde su esposo, Jeremías, se encontraba enfrascado en el montón de cuentas por pagar que tenía frente a sí.

—Lisa, no sé de dónde lo vamos a sacar, pero para fin de mes tenemos que pagar al menos una deuda de mil cien dólares. El cuidado de Tomás y las cuotas de los dos autos nos están matando.

Lisa sintió deseos de que la tierra se la tragara y la tensión reemplazó a la paz que sintió antes de entrar en la sala. Jeremías le había estado dando vueltas a la situación financiera durante una semana, y Lisa sabía que lo mejor no era ofrecer soluciones por el momento.

Hacía dos años que Jeremías y Lisa se habían casado, y ella pensaba que ya era tiempo de que superaran los obstáculos de «recién casados». Se había casado con él a pesar de que sus padres no lo aprobaban. No sabía si sus padres objetaban más la apariencia tosca de su «chico malo» o si cuestionaban la falta de educación, pero de algo no quedaba duda: No era lo bastante bueno para su hija.

Lisa logró traspasar la apariencia exterior tosca de Jeremías para ver al hombre cariñoso y de trato sencillo que podía llegar a ser. A pesar de las palabras airadas y de las desagradables discusiones entre Jeremías y sus padres, ella lo había seguido amando. Luego de salir con él durante unos pocos meses, Lisa abandonó la universidad y se fugaron. Sabía que las cosas podrían ser difíciles al comienzo del matrimonio, pero no estaba preparada para lo dura que había sido la vida matrimonial.

Jeremías ganaba un salario promedio trabajando por las noches, conduciendo una ambulancia como técnico médico de emergencias y Lisa ganaba apenas un poquito más que el salario mínimo trabajando en un negocio de flores. A duras penas ganaban lo suficiente como para cubrir los gastos y no les quedaba nada para los imprevistos. Durante los primeros meses les decían a sus amigos que «vivían del amor», lo cual se puso en evidencia tres meses después de la boda cuando Lisa se enteró de que estaba embarazada. A pesar de que Lisa y Jeremías sintieron la emoción de tener un bebé, en el fondo de su ser se debatía el temor y la preocupación en cuanto a cómo le harían frente a los nuevos gastos y a la sobrecarga de trabajo. A partir del nacimiento de Tomás, el matrimonio de Jeremías y Lisa había sufrido bastante. Los recién casados discutían acerca del dinero, de la crianza del niño y, sobre todo, por la familia política.

«¡No quiero que tus padres vengan aquí a decirme lo que debo hacer!», era la respuesta reiterada de Jeremías cada vez que Lisa le pedía que los invitaran a su apartamento. «Si piensan que no soy lo bastante bueno para ti, estoy seguro de que pensarán que tampoco soy lo suficiente bueno para Tomás».

A pesar de que los padres de Lisa vivían en la misma ciudad, solo habían visto a su nieto en contadas ocasiones. Lisa oraba para que algún día, lo más pronto posible, el orgullo desapareciera, se perdonara el pasado y las relaciones se restauraran por el bien de Tomás.

Lisa se quedó parada detrás de Jeremías mientras él miraba con fijeza la pequeña montaña de papeles, mordiéndose el labio tratando de retener las palabras que no sabía con exactitud cómo decir. Sin embargo, esas palabras le salieron de la boca:

—A mis padres les encantaría ayudarnos. Podríamos devolverles el dinero una vez que nos estabilicemos.

De inmediato, Lisa se dio cuenta de que tendría que haberse mordido el labio con más fuerza. Jeremías se puso de pie e hizo a un lado la silla con enojo.

—¡Sobre mi cadáver, Lisa! De ninguna manera me vas a obligar a humillarme delante de tus padres después de la manera en que me han tratado. Ah sí, estoy seguro de que les encantaría ayudarnos solo para poder decir: "Te lo dije".

Jeremías tomó con brusquedad su chaqueta y se dirigió hacia la puerta de entrada.

—¡Si tanto quieres a tu papi y a tu mami, ¿por qué no vuelves a su casa?!

Jeremías dio un portazo y se dirigió hacia el auto para ir a trabajar.

Lisa se quedó inmóvil, con la mirada clavada en la puerta. Pasó un momento antes de que los gritos sobresaltados de Tomás la hicieran volver en sí.

Corrió hacia su bebé que lloraba, lo tomó en sus brazos y lo apretó junto a sí. Su cuerpecito caliente la reconfortó a ella tanto como su presencia lo reconfortó a él. Luego de tranquilizar a Tomás y de hacerlo dormir otra vez, Lisa caminó de un lado al otro de la sala tratando de dilucidar qué era lo que sucedía en su matrimonio. *¡Esta no es la vida que yo esperaba! ¿Qué sucedió con todos mis sueños de tener un matrimonio maravilloso y una familia feliz y divertida? Nunca soñé con vivir en una mansión ni con tener mucho dinero, pero siempre supe que tendríamos mucho amor. Ahora siento que he perdido a mis padres y a mi esposo.* De repente, se sintió avasallada por una sensación de derrota y un cansancio extremo se apoderó de ella, y prorrumpió en sollozos estremecedores que le sacudían todo el cuerpo.

Jeremías intentó concentrarse en el trabajo, pero sus emociones también estaban confusas. No sabía qué se apoderó de él para hablarle a Lisa de aquella manera. Todo lo que deseaba era proveer para su familia y demostrarles a los padres de Lisa que valía lo suficiente como para cuidar de su hija y de su nieto. Sin duda, en los últimos tiempos parecían tratar de aceptar a Jeremías como su yerno, pero las muchas palabras de reproche del pasado dejaron heridas profundas que, al parecer, Jeremías no lograba superar. Cada vez que pensaba en los padres de Lisa, no podía evitar sentirse juzgado y fuera de lugar.

De repente, los pensamientos de Jeremías se vieron interrumpidos por una llamada telefónica. Se necesitaba un servicio de emergencias a tres kilómetros: un accidente automovilístico y una víctima con un posible paro cardíaco. Jeremías se subió de un salto a la ambulancia junto con su equipo y manejó de inmediato hacia la escena del accidente. Sabía que cuanto antes estuvieran allí, mayores serían las posibilidades de salvar a la víctima. Al abrirse paso hacia el vehículo que humeaba, Jeremías reconoció enseguida el rostro lleno de pánico de su suegra María. Se encontraba afuera del coche, inclinada sobre el cuerpo que estaba en el asiento del conductor. Cuando vio la ambulancia, les gritó para que se apuraran. Jeremías saltó de la ambulancia con su equipo de primeros auxilios y corrió hacia el vehículo. María trató de hablar con la respiración entrecortada: «Felipe conducía bien, cuando, de pronto, se agarró el pecho con dolor. Viramos bruscamente y chocamos contra el riel del costado del camino; ahora está inconsciente. ¡Jeremías, por favor, haz algo!».

Jeremías ya estaba aplicándole la reanimación cardio-pulmonar mientras le pedía a gritos a su compañero que trajera el desfibrilador a fin de recuperar el ritmo cardíaco de Felipe. Los minutos siguientes parecieron una eternidad, pero Jeremías al fin sintió el pulso de Felipe y escuchó que su respiración se estabilizaba. Lo llevaron a la ambulancia y María se subió junto con él. Jeremías llamó a Lisa desde su teléfono celular mientras llevaba a sus padres al hospital más cercano. Después que ingresaron a Felipe, María alcanzó a Jeremías que atravesaba la puerta automática que conducía al vestíbulo.

—Jeremías, quiero agradecerte por todo lo que hiciste esta noche. Si no hubieras estado allí, es probable que Felipe no hubiera salido adelante.

Jeremías apartó la mirada, sin poder establecer un contacto visual.

—Solo hacía mi trabajo.

Una vez más, se dio vuelta hacia la salida, pero María lo tomó del brazo y lo puso frente a sí.

—Hiciste un buen trabajo, Jeremías. Estoy orgullosa de que seas mi yerno y estoy feliz porque estuviste allí —dijo con sinceridad mientras le daba un abrazo de corazón.

Jeremías sonrió con timidez.

—Gracias, María. Le diré a Lisa que Felipe se pondrá bien.

Una vez más se dio vuelta para partir, pero esta vez, María le tomó la mano.

—Jeremías, sé que no comenzamos de la mejor manera, pero Felipe y yo quisiéramos comenzar de nuevo, si tú no tienes problemas.

Por primera vez, Jeremías vio a su suegra con ojos diferentes. Por alguna razón, no sintió la mirada condescendiente ni la actitud crítica.

—Sí, me gustaría... y sé que a Tomás también le gustaría.

Una semana después del accidente, Lisa tuvo que pellizcarse para creer que su esposo y su hijo reían y jugaban en la misma habitación con sus padres. A pesar de que en el aire se percibía cierta vacilación, en verdad todos trataban de perdonar el pasado y de avanzar hacia la restauración de las relaciones. *Paso a paso*. Lisa sonrió para sus adentros. *¡Esto es el comienzo de algo maravilloso!*

Aquella noche, cuando Lisa llevó a Tomás a la cama, cantó su canción de cuna como lo había hecho tantas veces. «*Él dice: Paz, paz, cálmense...*» Sin embargo, aquella noche su canción tenía mucho más significado al tener frente a sí la perspectiva de una familia llena de paz... y gozo.

¿Qué canción le cantas a tu bebé para que se duerma? ¿Qué sentimientos o recuerdos se asocian a esa canción?

_____

_____

_____

_____

_____

_____

_____

_____

_____

_____

_____

_____

_____

_____

_____

_____

_____

_____

_____

capítulo 2

El trabajo
de una madre primeriza

*C*uando la **maternidad**

se consume lo *mejor* de ti

y te sientes abrumada y mal equipada

para hacer frente a las *responsabilidades*

que implica cuidar a tu **familia,**

levanta los ojos y recuerda

que yo soy tu ayudador que estoy *siempre presente.*

*V*en a mí, y te refrescaré

y *recargaré* tus baterías emocionales, físicas y
espirituales.

Descubrirás que con mi ayuda

lograrás cosas *asombrosas* que

jamás hubieras conseguido hacerlo **sola.**

Recibe mi energía,
Tu Dios Todopoderoso

Tomado del Salmo 121:2; Mateo 11:28; Filipenses 4:13

¡Hola, mami!... Sí, estoy hablando contigo. Bueno, todavía no te acostumbras a esto, ¿no es cierto? Verás, no pasará mucho tiempo antes de que me escuches.

Claro, en este mismo instante, es probable que lo único que conozcas sea el agudo chillido de tu pequeño recién nacido que trata de pedir que se suplan todas sus necesidades. Algunas veces, los gritos de tu bebé pidiendo comida, un pañal limpio o consuelo quizá parezcan ensordecedores, pero si escuchas con atención, escucharás tu nombre en medio de todo ese ruido. «¡Mamá, quiero que me levantes!» «¡Mamá, quiero que me alimentes!» «¡Mamá! ¡Te necesito!»

Tal vez todavía tu pequeño no sea capaz de dar una perorata con oraciones completas, pero muy pronto tu dulce ángel tendrá un vocabulario completo que incluirá la mención de todas esas necesidades y muchas cosas más.

Así que no te apures demasiado a pasar cuanto antes esta etapa en la que tienes que cambiar pañales y levantarte a medianoche para alimentar a tu bebé.

Aunque quizá te sientas cansada y llena de trabajo que no se valora, eres una mujer bendecida. Se te ha dado la maravillosa responsabilidad de criar a un niño. Tú serás la persona a la que él recurra cuando se raspe una rodilla. A ti te pedirá que le leas su historia favorita. Él dirá que eres la que prepara los mejores espaguetis.

En este momento, sus necesidades son muchas y tu trabajo es difícil; pero haz un esfuerzo por disfrutar cada momento de esta etapa en la que tu hijo es indefenso e inocente, pues muy pronto te olvidarás de esas noches sin dormir y te olvidarás de cómo era la vida antes de convertirte en una «mami».

Solo tenemos este momento, que brilla como una estrella en nuestra mano... y que se derrite como un copo de nieve. Vamos a usarlo antes de que sea demasiado tarde.

Marie Benyon Ray

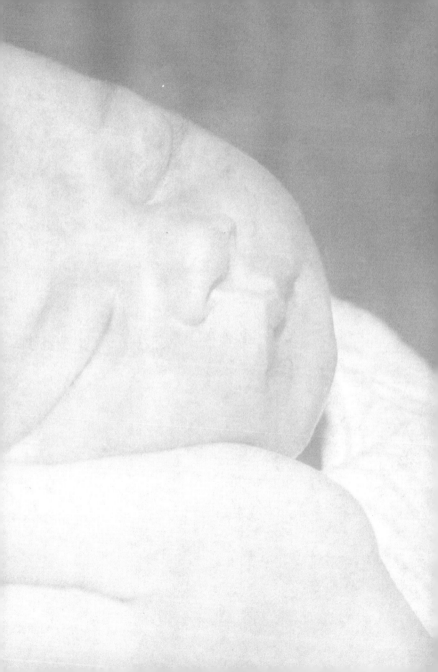

No se necesita experiencia

«¡No sirvo para esto!» Susana se desplomó en la mecedora con su bebé de dos semanas que lloraba sin consuelo.

Ya casi era el mediodía y Susana no había tenido una oportunidad de darse una ducha, de tomar el desayuno y ni siquiera de lavarse la cara. Todavía estaba tan dolorida después del parto de dieciocho horas (que no se había parecido en nada a lo que le describieron en las clases de preparto) que no podía caminar con normalidad. Le dolían los pechos y amamantar a su bebé no era tan fácil como esperaba. Cuando Susana vio su imagen en el espejo, se sintió terriblemente desilusionada al descubrir que su aspecto era mucho mejor cuando estaba embarazada que ahora. Además, al estar del todo exhausta y al sentir que era un fracaso total por no poder atender los quehaceres de la casa, emocionalmente se sentía en ruinas. *¿Cómo es que otras pueden hacer esto?*

Susana sollozaba mientras mecía a su bebé con cólicos, recordando todas sus poco realistas expectativas en cuanto a cómo serían las cosas cuando se convirtiera en mamá. *Estaba muy ansiosa esperando que Adán naciera, pero ahora que está aquí, no estoy tan segura en cuanto a esto de la «maternidad». Ni siquiera puedo estar al día con el lavado de la ropa y de los platos, ¡mucho menos puedo cuidar de mi hijo! ¡Era mucho mejor como profesional que como madre!* Sobrepasó el sonido de los gritos de su bebé y clamó con desesperación: «Querido Señor, ¡no puedo hacer esto! No estoy preparada para hacerme cargo de esta nueva responsabilidad. Es demasiado difícil. ¡No sé qué hacer! ¡Por favor, ayúdame!».

Susana pensaba en alguna manera para enviar a su hijo de vuelta al lugar del que vino, cuando escuchó que sonaba el teléfono.

—¿Hola? —gritó en el auricular por encima de los berridos del bebé.

—¿Susana? ¿Se encuentran bien ustedes?

Ah, grandioso, ¡justo lo que necesitaba! Si alguna vez mi suegra sospechó que no podía hacerme cargo de un hijo, ahora tendrá la certeza de que soy incompetente para cuidar de su nieto.

—Uf, hola, Judit... Bueno, hasta aquí no ha sido una mañana muy buena que digamos... Ya probé con la medicina para los cólicos, no quiere mamar, no quiere dormir, ¡y no para de gritar!... Sí, admito que yo también he llorado. ¡Es que estoy tan cansada! —Susana perdió el control una vez más y trató de sofocar el sonido de sus sollozos con la manta del bebé.

—Enseguida voy para allá —dijo Judit justo antes de colgar el teléfono.

Aunque a veces era difícil vivir en la misma ciudad en la que vivía su familia política, en este momento Susana sentía una inmensa gratitud de que así fuera. Judit llegó en menos de diez minutos para aliviar a Susana por un momento.

—Ahora vete a descansar y no te preocupes por Adán ni por mí.

—¿Qué harás si comienza a llorar otra vez? —preguntó Susana sintiéndose culpable por necesitar ayuda.

—Sencillamente lo tendré en brazos y lo amaré; estaremos bien —contestó Judit que ya se llevaba a Adán a su cuarto.

Al final, Susana cedió y durmió una larga y necesitada siesta. Cuando se despertó, se encontró con que la sala estaba ordenada y una apetitosa merienda aguardaba para ser servida.

—¿Adónde está Adán? ¿Se encuentra bien? —Susana sentía la necesidad de recuperarse enseguida para no tener que molestar a su suegra más de lo que ya la había molestado.

—No te preocupes, está bien. Al fin se quedó dormido —dijo Judit—. Ahora ven, siéntate y comamos mientras podamos.

Mientras comían, Judit le contó una historia tras otra acerca de sus luchas como madre joven sin ningún familiar cercano que la ayudara.

—Un día muy terrible, dejé una bolsa con comida enlatada en el portal para que se lo llevara alguno de la iglesia —Judit se rió antes de continuar—. No fue hasta bien tarde que me di cuenta de que le había mandado a alguna familia necesitada una gran bolsa de pañales sucios. ¡Me sentí tan avergonzada!

Se rieron al imaginar la terrible sorpresa que se habría llevado alguien al encontrarse con semejante donación.

—Y el papá de Adán no era mucho mejor que su hijo en cuanto al sueño. Tuvo cólicos hasta los tres meses —sonrió Judit al recordar—. Tuve que esperar dos años para siquiera *pensar* en tener otro bebé.

Judit le mostró a Susana diversas maneras de sostener a Adán que serían de ayuda cuando le doliera la barriguita. También le dio una lista de las cosas que Susana no debía comer mientras amamantaba.

—No me imaginaba que lo que como puede afectarle tanto el estómago a Adán —exclamó Susana—. ¡Con razón llora tanto después de mamar!

—Me llevó un tiempo descubrir que la lechuga no era buena para Jasón —agregó Judit—. Y pensé que era bueno comer saludable a fin de perder esos kilos de más del embarazo. Bueno, cuando me di cuenta de lo de la lechuga, no comí más ensaladas durante seis meses.

Cuando terminaron de comer, Judit limpió la cocina, pero tuvo que reprender dos veces a Susana que trataba de ayudarla.

—Susana, me gustaría decirte un secretito del que, tal vez, no te hayas dado cuenta —Judit se sentó junto a

Susana y puso su mano sobre la de ella—. Toda madre primeriza se siente igual que tú. ¡Es difícil ser madre! No conozco a nadie que diga que pasar de un trabajo de oficina a convertirse en una madre a tiempo completo sea como dar un paseo por el parque, aunque espero que hagas eso también, me refiero a caminar por el parque. Dios te ha bendecido con un hermoso hijo, pero la cosa no queda allí: te ha bendecido con los talentos específicos que se necesitan para cuidar a toda tu familia. Jamás lo dudes. Es probable que no tengas todas las respuestas, nadie las tiene, pero tendrás los recursos para obtener las respuestas que necesitas. Y no te preocupes si no puedes hacer todas las tareas de la casa como solías hacerlo antes de convertirte en una madre. Con el tiempo, se volverá más fácil. Por ahora, tu tarea principal es amar a Jasón y al pequeño Adán. Tal vez los platos no se laven solos, pero los desechables pueden ser de gran ayuda.

Se rieron y hablaron durante un poco más hasta que escucharon a Adán que tocaba el silbato desde su habitación.

—Bueno, creo que el deber me llama —suspiró Susana mientras se levantaba de la mesa de la cocina. Sin embargo, al entrar en el cuarto del bebé y ver a su dulce hombrecito, supo cuán bendita era al tener un bebé sano y hermoso. Y cuán bendita era al saber que Dios le había dado exactamente lo que necesitaba para hacer frente a aquel día.

Escribe tus propias luchas como madre primeriza. Es probable que logres contárselas a tu hijo o tu hija cuando ellos tengan a tus nietos!

_____
_____
_____
_____
_____
_____
_____
_____
_____
_____
_____
_____
_____
_____
_____
_____
_____
_____
_____
_____

capítulo 3

La recompensa
de una madre primeriza

Siempre recuerda que todo

regalo *bueno* y perfecto,

incluyendo la maravilla de un bebé recién nacido,

es una *bendición* celestial que viene de mí.

*S*in duda, mi bondad

y mi *amor* inagotable te enriquecerán

todos los días de tu **vida**.

Puedes contar con mi *fidelidad*

de generación en generación.

Bendiciones y amor,

Tu Padre celestial

Tomado de Santiago 1:17; Salmos 23:6; 127:3; 100:5

¿Te has dado cuenta de lo que cuesta criar a un hijo hoy en día? Una estimación reciente asegura que el costo promedio de la crianza de un hijo desde el nacimiento hasta los dieciocho años de edad es de $160.140. (¡Y eso ni siquiera incluye los estudios universitarios!). Esa cifra resulta en $8.896.67 al año, $741.39 al mes, $171.09 a la semana, $24.37 al día o un poco más de $1 cada hora. Y en el caso de los padres que tuvieron que pagar miles de dólares para adoptar a sus bebés, la suma es todavía mayor.

Algunos quizá miren estas cifras y se pregunten si lo que se recibe vale la inversión. Sin embargo, en realidad, las recompensas no tienen precio. He aquí solo algunos de los beneficios de ser madre: abrazos despreocupados y dulces besos babosos. Risitas tontas y pies regordetes. Bracitos que te abrazan con fuerza y dulces oraciones de buenas noches. Amor incondicional y una nueva visión del Dios que está en los cielos. Para un par de ojitos, serás la madre más hermosa del mundo. Criarás a un ser humano maravilloso y único bajo tu tutela y guía maternal. Tu camino será el mejor de todos: al menos para un corazón tierno. Sin costo adicional, recibirás lecciones acerca de la confianza, del perdón y de la aceptación incondicional. Vivirás sabiendo que la inversión que haces en otra vida ayudará a que el mundo sea un lugar mejor y más brillante. ¿Un dólar por hora? Vale la pena cada centavo.

Bendita sea la niñez que hace
bajar algo del cielo y lo trae al centro
de nuestra dura realidad terrenal.

Henri Frederic Amiel

Una espera que tuvo recompensa

Carmen había estado yendo y viniendo de la sala a la cocina durante casi treinta minutos. Trataba de encontrar algo que hacer mientras esperaba que sonara el teléfono. Luego de ahuecar las almohadas, había enderezado y vuelto a enderezar los cuadros y ahora tenía dificultades para encontrar alguna otra cosa que hacer.

Escuchó un timbre. *¡Al fin!*, pensó mientras daba un salto para asir el teléfono. Carmen se quedó perpleja al escuchar el tono del teléfono hasta que se dio cuenta de que no era el teléfono, sino el timbre de la puerta el que sonaba. Antes de que pudiera llegar a la puerta que estaba sin llave, su mejor amiga, Brenda, entró de manera decidida.

—¡Hola, muchacha! ¿Tienes noticias?

Carmen negó con la cabeza.

—Todavía no, ¡y estoy a punto de volverme loca!

Carmen había intentado quedar embarazada durante tres años, y durante los últimos seis meses se había sometido a diferentes procedimientos para lograr un embarazo sin tener éxito. Según la doctora Blanco, la prueba que acababan de hacer era una de las últimas opciones. En ese preciso momento, Carmen se encontraba esperando que su especialista en fertilidad la llamara para decirle si el procedimiento había dado resultado.

Cuando Carmen ya se había decidido a llamar al consultorio del médico para preguntar por qué se demoraba tanto, sonó el teléfono.

«¿Hola?», contestó Carmen.

Brenda se puso a su lado para apoyarla y para captar lo esencial de la conversación. Carmen asintió y dijo: «Ah, ah» y «Muy bien» varias veces antes de colgar.

Brenda se quedó esperando que Carmen dijera algo.

—Bueno, ¿qué dijo?

Carmen sonrió débilmente y contestó:

—El procedimiento no dio resultado y no estoy embarazada. Puedo intentarlo dentro de unos meses, pero la doctora Blanco dijo que las posibilidades de quedar embarazada disminuyen cada vez que repetimos el procedimiento. Dijo que tal vez sea hora de comenzar a pensar en la adopción.

Brenda no sabía bien qué decir, pero expresó algo pensando que sería de ayuda.

—Sé cómo debes sentirte. Aunque a Braulio y a mí no nos llevó mucho tiempo la primera vez que buscamos un embarazo, tal vez necesites intentarlo un poco más. O quizá necesites tomarte un descanso y dejar de intentarlo por algún tiempo.

¿Cómo puede decir semejante cosa siendo que tiene tres bebés, dos de los cuales vinieron sin esperarlos?, pensó Carmen sin decir nada.

Se quedó mirando al vacío a través de la ventana de la cocina cuando Brenda dijo las palabras que siempre abren las compuertas.

—¿Te encuentras bien?

Carmen no pudo contener más sus emociones. Todo el hastío de los últimos tres años comenzó a brotar en forma de lágrimas. Estaba cansada de sentir celos de sus amigas que tenían bebés. Estaba cansada de estar enojada porque la vida era tan injusta. Estaba cansada de sentir el dolor de unos brazos vacíos. Carmen estaba cansada de rogarle a Dios que le diera un hijo.

Brenda trató de abrazar a su amiga, pero Carmen la alejó de sí; no estaba dispuesta a recibir el abrazo de alguien que no podía entenderla de verdad.

—Lo lamento, Brenda, pero necesito estar sola en este momento.

Sorprendida y desalentada, Brenda asintió con la cabeza y susurró:

—Te llamaré más tarde —y dicho esto, dejó que Carmen se quedara llorando sola.

Cuando no pudo llorar más, se levantó del sofá y llamó a su esposo, Jorge.

—Hola, cariño. La doctora Blanco acaba de llamar —dijo Carmen y suspiró profundamente antes de continuar—. Dijo que no dio resultado. Creo que es hora de que comencemos a pensar en la adopción.

—Salgo de la oficina ahora mismo —respondió Jorge—. Llegaré a casa en veinte minutos.

Cuando Jorge entró corriendo en la casa, Carmen lo recibió con un tierno beso para comunicarle cuánto apreciaba su presencia consoladora. Al retroceder, se dio cuenta de que su esposo tenía una mano detrás de la espalda.

—¿Qué escondes allí? —le preguntó con aire de sospecha.

Con una sonrisa traviesa, le entregó a su amada esposa un ramo de fragantes rosas de color rosa y lavanda.

—¡Qué hermosas son! —los ojos de Carmen se iluminaron al ver y oler las flores.

Jorge dejó las rosas sobre la mesa de la cocina y se inclinó para besar a su esposa otra vez.

—Tengo que decirte algo —le dijo mientras la tomaba de la mano y la conducía al sofá de la sala. Cuando los dos estuvieron sentados, Jorge comenzó.

—La semana pasada recibí una llamada de Pablo García, mi antiguo compañero de la universidad que comenzó una práctica médica en Georgia hace algunos años. Desde que dejamos la universidad, nos hemos mantenido en contacto a través del correo electrónico de tanto en tanto y sabe que hace tiempo que tratamos de tener un bebé. Me dijo que tiene a una paciente embarazada que desea dar a su bebé en adopción. Pablo le habló de nosotros y le dijo que podríamos darle un hogar amoroso a su hijo. En ese momento, le dije a Pablo que deseaba esperar hasta que conociéramos los resultados de esta prueba antes de pensar en la adopción —Jorge miró con atención a Carmen mientras continuaba la historia—. Y hoy, Pablo me llamó de nuevo preguntándome si teníamos alguna novedad. Me dijo que esta muchacha ahora tiene muchos deseos de conocernos, ¡ya que se ha enterado de que está esperando mellizos!

Jorge se quedó sentado expectante, deseoso de saber qué pensaba Carmen acerca de esta nueva posibilidad.

Carmen contuvo la respiración como si la noticia que acababa de recibir fuera una burbuja preciosa que sin querer podía desvanecerse. *¿Será posible que después de tantos años de desear un bebé, en verdad pueda tener dos?* Carmen se quedó inmóvil, considerando la idea de tener dos pequeñitos a quienes cuidar. Dos cunas, dos columpios, dos sillas altas, ¡dos de todo! Se rió ante este pensamiento y en aquel momento tuvo la seguridad de que eso era exactamente lo que deseaba. Miró a Jorge con una sonrisa y dijo:

—Si estás dispuesto a ayudarme a cambiar el doble de pañales, yo estoy lista para levantarme el doble de veces en la noche.

Durante los meses siguientes, Jorge y Carmen volaron de ida y vuelta a Georgia para encontrarse con la joven que llevaba a sus hijos dentro de sí. A pesar de que el embarazo había sido un giro inesperado de los sucesos para esta estudiante universitaria, estaba decidida a no cometer otro error más provocándose un aborto. Le parecía que lo menos que podía hacer era darles a estos bebés la posibilidad de vivir en una familia que los necesitara tanto a ellos como ellos necesitaban una familia. Sin lugar a dudas, Jorge y Carmen cumplían con todos los requisitos. Y por esta razón, ambas partes se sentían agradecidas.

Brenda fue la primera en ofrecerse para ayudar a Carmen a decorar la habitación de los bebés y para preparar la casa a prueba de niños. Brenda también fue la que ofreció palabras de aliento en aquellas noches en las que Carmen dudaba si alguna vez los bebés serían en verdad de ella.

Y el día que por fin llegaron los niños, Brenda fue la que planeó la fiesta perfecta para darles la bienvenida a casa. ¡Fue un éxito total! La casa de Carmen y de Jorge estaba a punto de estallar, llena de amigos que fueron a celebrar el comienzo de esta maravillosa aventura. Por todos lados se veían conjuntos de ropa haciendo juego, artículos para bebés y juguetes. Parecía que Carmen veía doble al abrir los regalos.

Cuando abrió el último regalo, se puso de pie para agradecer a todos sus seres queridos.

—Gracias por esta maravillosa fiesta, y gracias por todas sus oraciones y por todo su apoyo durante los últimos años mientras Jorge y yo tratábamos de comenzar una familia —Carmen divisó a Brenda al otro lado de la habitación y contuvo las quemantes lágrimas que le brotaban de los ojos.

—He pasado momentos difíciles cuando me encontraba enojada y herida porque deseaba lo que la mayoría de ustedes tiene —dijo y sus ojos quedaron atrapados en los de Brenda y siguió adelante—. Quiero decir que lamento haber rechazado tus buenas intenciones.

Brenda le devolvió la mirada con una dulce sonrisa de perdón. Con una amplia sonrisa, Carmen miró a su alrededor a la habitación llena de gente y continuó:

—Jamás podré expresar con palabras el amor que siento por todos ustedes. ¡Muchas gracias por todo! Y en especial, quiero darle las gracias a Dios por la doble bendición que me ha dado.

Todos aplaudieron y se turnaron para abrazar a Carmen y pasar junto a sus preciosos varoncitos. Brenda se abrió paso a través de la habitación para llegar hasta

Carmen. Antes de que pudiera hablar, Carmen abrazó a su mejor amiga y le dijo:

—Te amo, Brenda.

Brenda también la abrazó y le dijo:

—Yo también te amo, mamá. Y quiero que sepas que pase lo que pase, siempre estaré junto a ti.

Carmen se soltó del abrazo con una sonrisa traviesa.

—¿Incluso a medianoche cuando los niños no quieran dormir?

Brenda asintió.

—Sí, incluso a medianoche.

—¿Aun cuando los niños tengan fiebre y no paren de llorar? —preguntó Carmen sonriendo.

—Aun cuando estén enfermos, puedes llamarme —volvió a asentir Brenda.

Carmen levantó las cejas e hizo una pregunta más.

—¿Incluso cuando se conviertan en adolescentes bulliciosos y alborotadores, y me sienta tentada a enviarlos a la escuela militar?

Brenda vaciló solo un segundo antes de responder:

—Uf, no, esos años tendrás que arreglártelas sin mí. ¡Para entonces me encontraré disfrutando de mi nido vacío en alguna parte de Maui! —Brenda palmeó a

Carmen en el hombro antes de añadir—. Aunque no te preocupes, reservaré un lugar justo al lado de mi casa para ti. Cuando llegue ese momento, lo necesitarás.

Carmen se rió feliz mientras miraba maravillada a sus bebés y pensaba en todas las aventuras que le esperaban.

capítulo 4

La expectativa
de una madre primeriza

Con la misma seguridad que el sol

sale cada *mañana*,

tú puedes *confiar* en mí!

Ya he *planeado* todos tus días.

Conozco los **planes** que tengo para ti.

Al seguirme,

tú y tu **familia** tendrán la seguridad

de una **esperanza** y de un *futuro brillante*.

Es **más, me deleito** en superar tus expectativas y tus *sueños.*

Un abrazo lleno de esperanza,

Tu Creador

Tomado de Lamentaciones 3:23; Salmo 139:16;
Jeremías 29:11; Efesios 3:20

Hay pocas cosas en la vida tan emocionantes como la espera de un nuevo bebé. La graduación, el día de la boda y, por supuesto, el día en que comienzas a seguir a Cristo son algunos de los momentos más emocionantes de la vida; pero lo que antecede cuando nace un niño es la sensación única de algo nuevo y maravilloso.

Cuando hay un bebé formándose en tu cuerpo, te preguntas si tendrá los ojos del papá o los rasgos de la mamá. Imaginas que heredará el don para la música de la abuela y el sentido del humor de su tío. Casi no puedes esperar a conocer a la personita que se retuerce, empuja y patea en tu vientre, dando así muestras de que tampoco ve la hora de conocerte a ti.

mensaje de inspiración

¿Acaso no vale la pena esperar? Aquellos agotadores meses en los que observabas cómo se transformaba tu cuerpo mientras albergaba al niño que crecía en su interior, casi pasan al olvido en el momento en que te ponen en los brazos a tu dulce y suave pequeño. Una vez que sientes esa manita que te aprieta con fuerza el dedo, sabes que todo el tiempo que pasaste planeando y preparándote tiene su coronación en este momento.

Es probable que sientas que tu corazón está al borde de estallar, sin poder contener muy bien todo el amor que sientes por este milagro que ha tomado forma de pequeñín; pero, después de todo, este amor incontenible supera todas las expectativas que tuviste.

*Cada amigo representa un mundo
en nosotros, un mundo que
tal vez aún no ha nacido hasta que él
llega, y solo a través de este encuentro
nace un nuevo mundo.*

Anaïs Nin

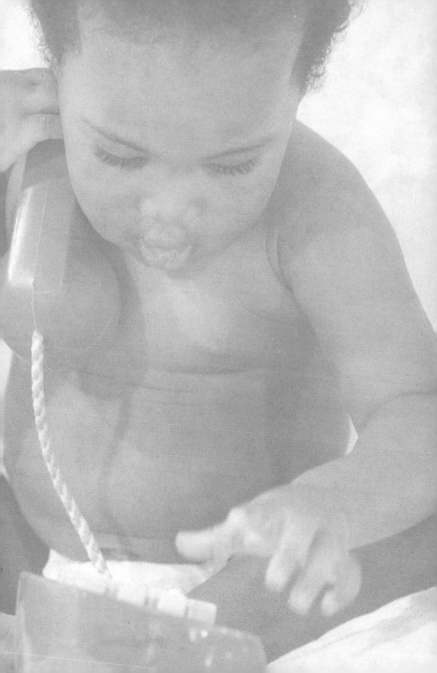

Grandes expectativas

¿Quién se habría imaginado que después de tantos años de estar separadas su amistad se restablecería con tanta facilidad?

Sofía y Andrea habían sido las mejores amigas desde el cuarto grado. Su amistad comenzó cuando Andrea insistió en conocer a la niña nueva de la escuela. Y lo que comenzó como un gesto de cortesía se convirtió en el inicio de un lazo para toda la vida.

A partir de aquel primer día de clases en el que Sofía recorrió la escuela con Andrea, fueron inseparables. Sofía tocaba el piano; Andrea cantaba. A Andrea le gustaba dibujar; a Sofía le encantaba la poesía. Andrea podía preparar la limonada perfecta para vender y Sofía era la empresaria que manejaba las ganancias de su pequeña empresa. Entre las dos, eran pocas las cosas que no podían lograr.

Uno de los juegos con el que se divertían más a menudo giraba en torno a los planes para vivir un futuro juntas. Tenían tres carpetas llenas de recortes de revistas de vestidos de novia que usarían en la boda doble. También tenían fotos de los autos y de las casas de sus sueños. Hasta eligieron fotografías de cómo querían que fueran sus esposos y sus hijos. Por supuesto, conocerían a sus esposos al mismo tiempo, quedarían encintas y tendrían a todos sus bebés al mismo tiempo y vivirían en dos casas contiguas.

Sin embargo, al pasar el tiempo, el desarrollo de otras relaciones y de otros intereses invadió los momentos que el dúo disfrutaba; y al llegar el día de la graduación de la escuela secundaria, no cabía duda de que a las jóvenes les aguardaban caminos separados. Sofía decidió ir a una universidad local y se casó con su novio de la secundaria, Rodrigo, en tanto que Andrea se fue a una escuela de arte en el este. Luego de la graduación, se las ingenió para conseguir un trabajo como maestra de arte y con el tiempo conoció a Samuel, un joven y prometedor pediatra, con el cual se casó. Durante varios años, el único contacto que tenían era a través del correo electrónico y de alguna llamada telefónica de tanto en tanto, pero ambas soñaban con que algún día sus vidas volverían a juntarse.

Entonces, una mañana muy temprano, antes de que el sol hubiera tenido la oportunidad de espiar a través de las persianas, Sofía se despertó con el sonido del teléfono.

—¡Hola! —contestó medio dormida.

—¿Qué quieres primero: la buena noticia o la verdaderamente buena? —Sofía ya sabía que era Andrea la que había contestado el teléfono.

—¿Qué hora es? —susurró Sofía tratando de no despertar a Rodrigo.

—Sé que es temprano, pero no podía esperar a que la hora del Pacífico se adecuara a la del este, así que dime cuál noticia quieres que te dé primero —insistió Andrea.

—Muy bien —respondió Sofía—, a ver... creo que la buena.

—¡Vamos a tener un bebé! —gritó Andrea al otro lado del teléfono.

—¡Eso es maravilloso! ¡Te felicito! —chilló Sofía dando un salto de la cama para ir a un lugar en el que pudiera hablar en voz alta—. Bueno, ¿qué noticia puede ser mejor que esa?

—¡Samuel va a asistir a una práctica médica justo allí en La Jolla! —gritó Andrea nuevamente.

Esta noticia fue demasiado para Sofía a esta hora tan temprana de la mañana.

—¡No puedo creerlo! ¿En verdad es así? ¿Se mudan de vuelta a casa?

—Sí, estaremos allí en cuatro meses —Andrea le dio todos los detalles mientras hablaban y la mañana corría.

Mientras los planes de la mudanza tomaban forma, a las jóvenes les daba vuelta la cabeza pensando que otra vez estarían cerca la una de la otra, envueltas en las actividades triviales de la vida de la otra. Andrea llegó unas semanas antes para encontrar un lugar en el cual vivir y, por supuesto, se quedó en la casa de Sofía. No le llevó mucho tiempo encontrar exactamente lo que deseaba a pocos kilómetros de la casa de su amiga. Con su ayuda, Andrea no perdió tiempo y consiguió una cita con el mejor médico de la ciudad.

—¿Te importaría acompañarme cuando me hagan la ecografía, ya que Samuel no llegará hasta la semana próxima? —Andrea trataba de darle una gran sorpresa a

Samuel cuando supiera lo que estaban esperando y deseaba que Sofía estuviera allí para hacer planes juntas.

—¡No me lo voy a perder! —Sofía ya tenía un montón de ideas en la cabeza acerca de cómo debía anunciar Andrea el género de su bebé.

—¿Por qué no envías globos azules o rosas al consultorio de Samuel? —sugirió Sofía—. ¡O podríamos enviarle una foto de la ecografía por correo electrónico y dejar que él lo descubra solo!

La técnica en ecografía se mantuvo en silencio durante al menos tres minutos hasta que se dio vuelta y les dijo a las muchachas:

—Por lo que parece, tengo noventa y nueve por ciento de certeza de que... —hizo una pausa para aumentar la emoción—, Andrea tendrá una niña.

Las dos amigas lanzaron un chillido de deleite mientras Sofía se inclinaba para darle un abrazo a Andrea.

—¡Ay! ¡Me da vueltas la cabeza! —Sofía se sintió atontada cuando se levantó luego del abrazo.

—¿Te sientes bien? —preguntó Andrea que todavía se encontraba sobre la camilla.

Sofía se sentó y puso la cabeza entre las piernas.

—Sí, es solo que, de repente, me sentí un poco mareada. Debo haberme emocionado demasiado.

Andrea la miró con un aire de sospecha.

—Vamos, estás embarazada... ¿no es cierto?

Sofía se rió ante la posibilidad.

—No... bueno, creo que no.

Cuando manejaban de vuelta a casa, Andrea comenzó
a reírse sola. Sofía se dio vuelta para mirar a su amiga, pre-
guntándose qué era lo gracioso. Andrea sintió que Sofía
la miraba con fijeza y soltó lo que estaba pensando:

—¿No sería grandioso que las dos estuviéramos emba-
razadas al mismo tiempo?

Sofía se atragantó al responder:

—¿Qué te hace pensar que estoy embarazada?

—Muchacha —le dijo Andrea dándole unas palmadi-
tas en el hombro—, conozco los síntomas del comienzo
cuando los veo. Sé buena, vayamos a comprar una prueba
de embarazo, solo para divertirnos.

Parecía que Sofía necesitaba un poco más de persua-
sión, así que Andrea añadió:

—¡Yo la compro!

Al regresar a la casa de Sofía, mientras esperaban que
pasaran los dos minutos para conocer el resultado de la

prueba, las jóvenes estaban estupefactas. Mientras jugaban con la esperanza de que la fantasía de su niñez se hiciera realidad, la estupefacción se convirtió en conmoción cuando Andrea reconoció las familiares rayitas rosas que ya estaban hipnotizando a Sofía.

—Bueno, después de todo, Samuel no será el único que reciba una sorpresa hoy —dijo Sofía riendo mientras trataba de decidir cómo se lo diría a Rodrigo.

Así, por supuesto, una vez más las amigas fueron inseparables. Cuando al tiempo se enteraron de que Sofía también tendría que hacer compras en color rosa, quedaron encantadas.

A medida que pasaban los meses, las futuras madres recuperaron con facilidad la estrecha amistad. Salieron juntas a comprar las camas para los bebés. Entraron juntas a todos los negocios que vendían cosas para niños. Se anotaron para tomar las clases de preparto juntas (bueno, con sus esposos también, por supuesto). Hasta retomaron el viejo pasatiempo de juntar artículos de revistas y recortes con sus accesorios favoritos de bebés. Entonces, una tarde, las amigas se dejaron caer en el sofá de Andrea para buscar juntas, una vez más, los nombres que les pondrían a sus niñas. Había que verlas. Con los pies apoyados sobre la mesita de la sala, cada una de las radiantes damiselas se acariciaba el vientre riendo a más no poder.

—¿Qué me dices de Minnie y Daisy?

—¿Y Telma y Luisa?

—Ah, ya sé, ¡Lucy y Ethel! —Sofía y Andrea se divertían a lo grande pensando en nombres de niñas que describieran la clase de relación que esperaban que sus hijas disfrutaran. No podían evitar pensar que algún día sus hijitas se reirían y llorarían juntas, se contarían los sueños y crecerían para convertirse en las mejores amigas.

capítulo 5

La esperanza
de una madre primeriza

No importa contra qué tengas que enfrentarte,

recuerda siempre que yo estoy a tu favor.

De ninguna manera nada ni nadie,

ni siquiera la **muerte**, podrán

separarte jamás de mi *amor.*

No te desprendas de la esperanza que tienes

porque nunca rompo las *promesas* que te he hecho.

$\mathcal{R}$efuerza tu esperanza con mi Palabra, teniendo en cuenta que cada pasaje de la *Escritura* se ha escrito para darte **aliento** y esperanza mientras esperas con paciencia el cumplimiento de **mis** *promesas*.

El que siempre te ama,
Tu Padre fiel

Tomado de Romanos 8:31, 35-38; Hebreos 10:23; Romanos 15:4

Toda madre tiene ciertos sueños para su hijo. Algún día crecerá y se convertirá en un esposo y padre o en esposa y madre... algún día terminará la universidad... tal vez encuentre una cura para el cáncer... quizá ayude a los desamparados.

Es maravilloso soñar y hacer planes sobre lo que el futuro les depara a nuestros hijos y, a pesar de que es bueno soñar acerca de todo lo que lograrán, hay algo que es lo más importante de todo: su alma. Cada una de nosotras debería soñar con el día en que veamos a nuestros hijos aceptar a Jesús en sus propias vidas. Con todo el amor que sentimos las madres hacia nuestros hijos, ¿qué deleite más grande puede haber que saber que estaremos juntos en el cielo por toda la eternidad?

Cuando tienes a tu pequeño recién nacido en los brazos, es probable que no pienses en la vida después de la muerte; pero esa vida durará para toda la eternidad, en tanto que este mundo es solo temporal. ¿Por qué no comenzar hoy a pensar en lo que puedes hacer para ayudar a tu hijo a entrar al cielo? Comienza a orar con ese pequeño. Léele la Biblia a tu bebé. Cántale canciones acerca de Jesús. Háblale de Dios y de lo que Él ha hecho en las vidas de tu familia. Cuéntales tus sueños a otros y a tus hijos cuando sean mayores. Al hablarle de tu fe a tu hijo, no solo lo alentarás a que ame al Señor; le crearás un legado para futuras generaciones de soñadores. ¡Jamás dejes de soñar!

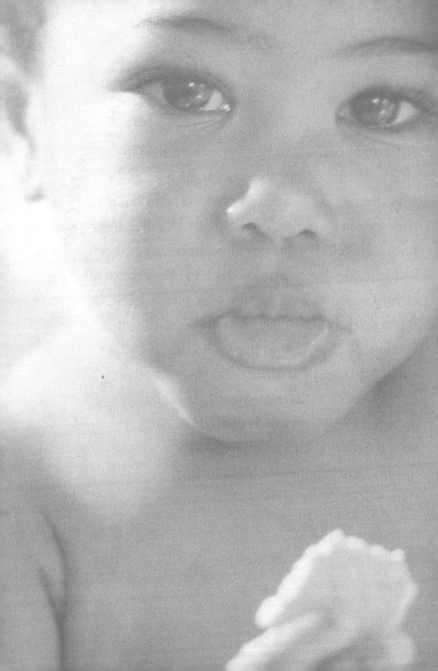

¿Quién puede mirar a los ojos
de semejante milagro y dudar
de la realidad de Dios?

Angela Thomas Guffey

Prométele a la abuela Anita

«Vamos a preparar el almuerzo!», había sido «su frase» desde que Cristina recordaba. Desde que era pequeña, a ella le encantaba preparar el almuerzo con su abuela favorita, Anita. Cuando niña, Cristina pasaba casi todos los fines de semana con sus abuelos que vivían a solo una hora de su casa. La abuela Anita era una activa damisela que daba saltitos al caminar y tenía un destello en la mirada. Era una abuela a la antigua, pero una de esas de las que uno no se quiere perder nada. La abuela Anita podía iluminar cualquier clase de día al contar una historia graciosa acerca de cómo era la vida en los «buenos tiempos». A Cristina siempre le había encantado ayudar a la abuela Anita a preparar la comida en la cocina y a poner la mesa. Luego llamaban al abuelo y los tres disfrutaban de un almuerzo sin prisa con muchas historias.

Aunque hacía ya muchos años que no pasaba un fin de semana con sus abuelos, Cristina seguía manteniendo una estrecha relación con su abuela Anita de setenta y ocho años de edad. Tenía una vida muy atareada junto a su esposo, Juan, y su trabajo como abogada de una compañía, pero Cristina siempre se aseguraba de tener tiempo suficiente, de tanto en tanto, para llamar a la abuela Anita y decirle: «¡Vamos a preparar el almuerzo!».

Durante los últimos años, después de la muerte de su abuelo, Cristina había compartido muchos más almuerzos con la abuela Anita. Para ambas había sido bueno tener a alguien a quien expresar sus sentimientos; la abuela Anita hablaba acerca de su vida de anciana y Cristina de sus frustraciones como empresaria. Sin embargo, hoy, Cristina había invitado a su abuela a almorzar en un pintoresco restaurante de ambiente familiar, para contarle una buena noticia.

—Abuela Anita, ¡voy a tener un bebé! —declaró radiante.

—¡Vaya, esa sí que es la mejor noticia que he tenido en semanas! Y yo que pensaba que no podía sucederme algo mejor que encontrar en mi correspondencia la notificación de que me había ganado la lotería —dijo la abuela Anita con un guiño—. Estoy muy orgullosa de ti, Cristina. Sé que tú y Juan han estado esperando este momento por bastante tiempo. Este es el comienzo de una maravillosa aventura para los dos.

Se inclinó hacia delante para abrazar a su nieta antes de proseguir.

—La crianza de los hijos puede presentar desafíos, pero el amor y el gozo que recibes sobrepasa grandemente el trabajo que implica.

Cristina sacudió la cabeza asombrada.

—Abuela Anita, no puedo imaginar que alguna vez te haya parecido que la maternidad era un desafío. Sabes todo lo que hay que saber sobre cómo criar a un hijo, atender a un esposo y llevar adelante una casa.

La abuela Anita trató de no reír mientras sorbía su té helado y apoyó el vaso con rapidez sobre la mesa.

—Verás, Cristina, desde que comencé a transitar el camino de la maternidad, varias veces me encontré acorralada. En aquel entonces luchaba como cualquier madre primeriza por aprender a hacerme cargo de un hogar —Cristina observó a su abuela mientras se reclinaba contra la silla y rememoraba—. Recuerdo una vez, al poco tiempo de haber dado a luz a mi tercer hijo, tu padre, cuando los mellizos, que recién comenzaban a caminar, metían las narices en todas partes. Entonces pensé que mi vida no podía ser más difícil. ¡En eso, me vengo a enterar que estaba esperando a tu tío Juanito! Eso sí que fue un desafío; ¡me sube la presión con solo recordarlo!

Se rieron a carcajadas atrayendo la atención de los demás comensales que sentían curiosidad acerca de estas compañeras tan dispares: una joven y elegante con su traje de color azul naval y la otra marchita, pero aun así vivaz con un chaleco amarillo pasado de moda.

Cuando terminaron el almuerzo, Cristina acompañó a su abuela hasta el auto.

—El almuerzo estuvo bueno, pero tal vez en la próxima oportunidad lo hagamos en mi casa. Prepararé una de mis recetas caseras, de probada calidad —dijo la abuela Anita.

Cristina se inclinó y besó la frente de la anciana.

—¡Trato hecho! Adiós. ¡Te amo!

La abuela Anita sopló un beso antes de salir del estacionamiento.

A medida que pasaban las semanas de su embarazo, Cristina llamaba a menudo a su abuela para contarle los detalles de cómo se sentía y de sus visitas al médico. A la abuela Anita le encantaba verse incluida en las aventuras diarias del embarazo de su nieta. «Me hace sentir joven de nuevo y me trae recuerdos de mis primeros días de maternidad». Cada vez que decía esto, a continuación recordaba otra historia de los «buenos viejos tiempos».

Un día, Cristina le pidió a la abuela Anita que la acompañara a comprar ropas de maternidad.

—Vamos a salir de compras este fin de semana. Toda la ropa comienza a quedarme demasiado ajustada y no creo que a nadie en el tribunal le guste ver cómo me saltan los botones del traje. Tendré que encontrar algunos conjuntos que crezcan junto conmigo durante los siguientes meses.

La abuela Anita pensó que era una idea grandiosa y agregó:

—Después que hagamos las compras podemos regresar a mi casa para almorzar. Hay algunas cosas de las que quiero hablar contigo.

El sábado fue un día espléndido de primavera, ideal para salir de compras. Luego de que Cristina eligiera varias chaquetas y camisas que hacían juego y que se podían intercambiar con algunas faldas y pantalones básicos, estaban listas para el almuerzo. Como el clima era tan perfecto, decidieron almorzar en la terraza de la abuela para disfrutar de la vista del terreno en el cual había un jardín bien cuidado y lleno de flores.

—Ah, abuela Anita, ¡ha sido un día tan perfecto! ¡Y el almuerzo está delicioso!

La abuela le dio las gracias a su nieta por el elogio y luego adoptó un tono más serio.

—Cristina, hay algo que he querido decirte, pero no me ha resultado fácil hacerlo.

Cristina se quedó sentada en silencio sin tener la menor idea de lo que su abuela estaba a punto de decir.

—La semana pasada fui al médico para que me examinara un bulto. Los resultados mostraron que se trata de un tumor maligno —dijo y le tomó la mano a Cristina y la sostuvo con firmeza—. Ya ha entrado en mi torrente sanguíneo y el médico dice que, a esta altura, no hay mucho que se pueda hacer.

Cristina retiró la mano para apoyarse y afirmarse contra la mesa.

—¡Abuela Anita! ¡Cómo puede ser! Debe haber algo que podamos hacer.

La cara de Cristina se llenó de manchas al tratar de retener las lágrimas, pero no pudo hacerlo y estas corrieron libremente por su rostro.

La abuela negó con la cabeza.

—Tus padres ya me han llevado a dos médicos más y ellos opinan lo mismo. Dicen que pueden quedarme seis meses si tomo la medicina que me han dado.

Cristina se levantó de la mesa reprimiendo la histeria.

—¡No! ¡No es posible! ¡No quiero que mueras! —dijo y comenzó a caminar de un lado al otro tratando de pensar en una forma de arreglar la situación—. Debe haber algo que podamos hacer...

La abuela Anita se dirigió hacia su preciosa nieta.

—Querida mía, soy demasiado vieja para soportar las terapias que casi siempre les prescriben a los pacientes con cáncer.

Al escuchar la verdadera palabra *cáncer*, Cristina rompió en sollozos.

—¿Qué voy a hacer sin ti, abuela? Mi bebé ni siquiera te va a conocer. No quiero tener solo fotos y recuerdos de ti; ¡te quiero a ti!

La abuela abrazó a su nieta y le acarició el cabello con suavidad mientras se mecían en el columpio de la terraza.

—Lo sé, cariño. Esto tampoco es lo que yo había planeado. No sé cuánto tiempo estaré en esta tierra, pero hay algo que sí sé: estaré en el cielo, y cuento con que ayudarás a mis bisnietos a llegar allí también, para que algún día estemos todos juntos.

Se quedaron sentadas en ese columpio durante un tiempo que pareció horas mientras hablaban, lloraban y se hacían promesas de valorar siempre la vida y las relaciones que Dios les había dado.

La primavera dio paso al verano y, al llegar el otoño, comenzaron los dolores de parto de Cristina. Ocho horas después de la primera contracción, se encontraba contemplando a los ojos a su preciosa recién nacida. Mientras tenía en sus brazos a la preciosa y pequeña Anita, miró hacia el cielo y los ojos se le llenaron de lágrimas de gozo y de tristeza.

—Gracias, Dios, por mi Anita. Ayúdame a ser la mejor madre posible para que algún día mi hija tenga la oportunidad de conocer a la abuela Anita en el cielo.

Escribe algunos recuerdos preciosos de generaciones pasadas que puedas contarle a tu «nexo al futuro».

_____

_____

_____

_____

_____

_____

_____

_____

_____

_____

_____

_____

_____

_____

_____

_____

_____

_____

_____

capítulo 6

La emoción
de una madre primeriza

¡*Todas* las cosas son posibles conmigo!
Ni siquiera puedes comenzar a *imaginar*
las **maravillas** que tengo preparadas para ti
porque **me** *amas*.

A medida que confíes en mí,

te llenaré de un *gozo* y una *paz*

que te hará **desbordar** de esperanza

a través del *poder* de mi Espíritu Santo!

Sea **bendecido** tu hogar

con la fiesta continua de corazones alegres.

Con gozo,
Tu Dios de toda esperanza

Tomado de Mateo 19:26; 1 Corintios 2:9; Romanos 15:13; Proverbios 15:15

¿Qué sucedió en el momento en que te enteraste que estabas encinta? ¿Quedaste totalmente conmocionada? ¿Llamaste a todo el mundo para contárselo? ¿Te reíste o lloraste? El momento en que una mujer se entera de que tiene otra vida en su interior puede acarrear toda una gama de emociones. Algunas quizá se sientan alborozadas mientras que otras sientan temor. Algunas mujeres se sienten felices, en tanto que otras experimentan ansiedad. Lo más probable es que la mayoría experimente una mezcla de todas estas emociones gracias al aumento de hormonas que tiene lugar durante el embarazo.

Estos sentimientos están bien ganados. A partir del momento de la concepción, tu vida no volverá a ser la misma jamás. Es probable que descubras que estás embarazada al sentir los primeros síntomas de malestares matutinos o al ver la marca en el análisis casero. O tal vez no te des cuenta hasta que el médico te ponga sobre el pecho a ese bebé resbaloso y todo despatarrado. Suceda lo que suceda, tarde o temprano lo sabrás: Acabas de contribuir con el milagro de la vida; a partir de este momento, serás para siempre parte de otro ser humano. Antes de dar a luz, tu cuerpo solo mantiene al bebé. Luego del nacimiento, vaya adonde vaya, habrá una parte de ti que fluye a través de sus venas.

No es para menos que experimentemos tantas emociones cuando nos enteramos de que vamos a ser madres: ¡Se nos ha dado la oportunidad de formar parte de un maravilloso milagro! Es asombroso, ¿no es así?

*Somos un eslabón en la larga
cadena del amor materno y Dios es el
que nos mantiene unidas y bendecidas.*

Faith Billings

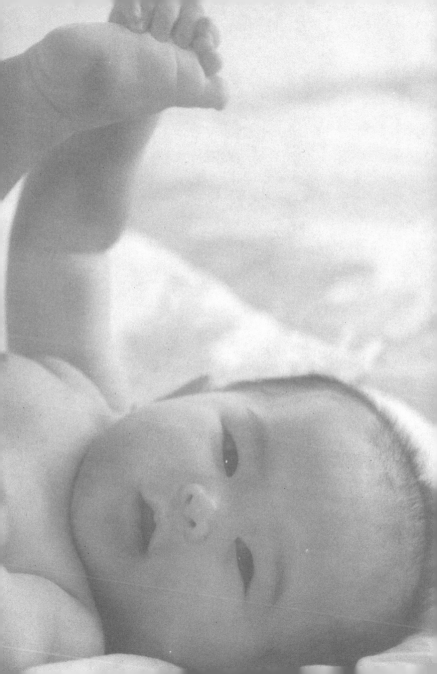

Una bendición sorpresa

Sara tocó la bocina por segunda vez.

—¡Ángela! ¡Tenemos que irnos o llegarás tarde a la escuela!

El motor del vehículo ya ronroneaba mientras Sara esperaba en el asiento del conductor a que su hija menor saliera de la casa. Su hija mayor, Pamela, de dieciséis años, esperaba con paciencia en el asiento delantero y leía un libro. Pamela era la hija inteligente, amable y responsable que no llamaba mucho la atención en lo que a comportamiento respecta, pero su aspecto hacía que más de uno se diera vuelta para mirarla. En realidad, sus dos hijas eran muy hermosas; tenían una larga y espesa cabellera negra y grandes ojos oscuros. Se parecían a su padre, Miguel, estadounidense con ascendencia india.

Ángela apareció en la puerta del garaje.

—Mamá, ¡no encuentro las botas de fútbol! ¿Sabes dónde están?

—Están debajo de la mesita de café de la sala. ¡Cariño, tómalos y vámonos!

La paciencia de Sara estaba llegando de nuevo a su límite al ser puesta a prueba una vez más por su revoltosa adolescente. De las dos hijas, Ángela era la que no se preocupaba por los convencionalismos. A los catorce años de edad, era generosa, genuina y se hacía amiga de todo el mundo.

Por fin, Ángela entró volando al vehículo con una mochila, un bolso de gimnasia y un montón de libros que formaban una montaña en sus brazos. Tiró todo sobre el asiento trasero y cerró la puerta con demasiado ímpetu. Pidió disculpas mientras se deslizaba al asiento vacío y se ajustaba el cinturón de seguridad.

—Lo lamento, chicas. Tenía intenciones de juntar mis cosas anoche, pero me olvidé.

A Ángela le sobraba personalidad y diversión, pero no poseía las habilidades organizativas de Pamela.

—¿Por qué no comenzamos a preparar tus bolsos más temprano por la noche? De esa manera, no tendremos que repetir lo de hoy —sugirió Sara.

—¡Buena idea, mamá!

Por lo general, Ángela nunca discutía, sino que estaba de acuerdo prácticamente con todo. Las tres conversaron durante el viaje de ocho kilómetros hasta la escuela.

Cuando entraban por la puerta del frente de la Escuela Secundaria Lexington, Ángela abrió la puerta del auto y saltó.

—No te olvides. El partido de fútbol comienza a las cinco de la tarde.

—No te preocupes, hijita —Sara se inclinó a través de la ventanilla para darle un beso en la mejilla—. Papá y yo estaremos aquí.

Pamela también tomó su mochila y le dio un beso a su madre.

—Y recuerda que yo tengo una clase de educación vial luego de la escuela, así que los veré directamente en el partido.

Sara puso en marcha el auto.

— Así será. ¡Las veré esta tarde, niñas! ¡Las amo!

Mientras observaba cómo las niñas saludaban a sus amigas y entraban a la escuela, planeó el resto del día. *Muy bien. Debo llevar los trajes de Miguel a la tintorería... Almuerzo con las señoras de la clase bíblica a las once... Ah, sí, y tengo una entrevista con el doctor Barrios a las dos de la tarde.* Sara había reservado esa entrevista la semana anterior luego de experimentar varios períodos de debilidad y mareos. Hasta tenía calores súbitos y se preguntaba si estaría comenzando la menopausia. *Este año acabo de cumplir cuarenta, pero me parece que la menopausia precoz tiene antecedentes familiares. Tendré que preguntarle a mamá más tarde.* Al comenzar su ajetreado día, dejó esta idea de lado.

Sara habló francamente con el doctor Barrios acerca de todos los síntomas que había experimentado.

—Tengo períodos en los que me siento mareada y muy fatigada. Estos períodos por lo general no duran mucho, son como oleadas. También tengo calores súbitos. Me pregunto si será una menopausia precoz.

El doctor la auscultó y luego miró la hoja clínica de Sara.

—Creo que deberíamos hacer algunos análisis de sangre para ver qué encontramos.

Mientras esperaba, Sara hizo una lista de todas las diligencias que todavía tenía que hacer antes del partido de fútbol de Ángela. Cuando el doctor regresó al consultorio, Sara estaba a punto de terminar la lista de provisiones que debía comprar.

—Y bien, doctor, ¿es la menopausia como yo pensaba? —preguntó Sara mientras ponía la lista en la cartera.

El doctor Barrios se sentó en su banqueta frente a ella.

—Bueno, no, no precisamente. Sé que lo que le voy a decir no es lo que espera escuchar, pero... —la miró con detenimiento antes de completar la frase—, está embarazada.

Sara se quedó paralizada y con la boca abierta. Luego, una mezcla de incredulidad y pánico le recorrió el cuerpo al preguntarle al médico:

—¿Está seguro? ¿Es posible? ¡Tengo casi cuarenta años!

El doctor trató de calmarla con su sonrisa tranquilizadora.

—No cabe duda de que está embarazada; es más, los niveles de hormonas son tan altos que es probable que haga bastante que está encinta. No quiero preocuparla, pero debido a su edad, tendremos que controlar este embarazo un poco más de lo normal. A decir verdad, hoy mismo le haremos una ecografía para determinar cuánto tiempo tiene de embarazo.

Sara se sentía como si tuviera una nube en la cabeza. No estaba segura de qué era lo que se suponía que debía pensar o sentir. *¿Puede ser verdad? ¿Qué les voy a decir a las niñas? ¿Qué le voy a decir a Miguel? ¡Soy demasiado mayor como para comenzar con todo otra vez! ¡No tenía planeado pasar los próximos veinte años criando a un niño!*

La ecografía se vio con mucha más claridad de la que recordaba de quince años atrás.

—La tecnología ha progresado mucho desde que nació Pamela —musitó Sara para sí, esperando que el doctor dijera algo.

Sus preocupaciones se confirmaron cuando el doctor señaló el corazoncito que latía con fuerza en la pantalla.

—No cabe duda de que allí hay un bebé —se dijo Sara mientras contemplaba la pantalla en medio de una conmoción total.

El médico asintió con la cabeza:

—Sí, y parece que este pequeño ha estado dentro de usted durante unas dieciocho semanas. Es lamentable, pero todavía no puedo decirle si se trata de «él» o «ella», pero lo que sí puedo decirle es que estamos frente a un bebé que tiene todos los dedos de las manos y de los pies, todo en su lugar. Por ahora, eso es todo lo que me importa saber.

Cuando salió del consultorio del médico, Sara no sabía muy bien a dónde ir a continuación. Sin pensarlo, se dirigió a la oficina de Miguel para contarle la noticia. Miguel estaba hablando por teléfono cuando Sara se asomó por la puerta. Levantó la mano haciendo una seña para decir que la llamada no duraría mucho más. Sara se sentó frente a su escritorio y esperó hasta que colgara el teléfono.

—Hola, mi amor, ¿qué haces por esta zona de la ciudad? Pensé que nos encontraríamos en el partido de fútbol de Ángela.

Sara se levantó y dio la vuelta al escritorio para llegar al lado de Miguel y le puso los brazos alrededor del cuello.

—¿Te acuerdas de esos síntomas que yo pensaba que eran parte de una menopausia precoz?

Cobró fuerzas ya que no sabía cómo reaccionaría Miguel.

—Bueno, no se trata de la menopausia —Sara cerró los ojos a la vez que soltaba la noticia—. ¡Vamos a tener otro bebé!

Miguel pegó un salto de la silla y la tomó de los hombros.

—¿Estás segura? —le preguntó mirándola directamente a los ojos. Sara no entendía muy bien qué había detrás de la emoción en su pregunta, así que solo asintió y le entregó la foto de la ecografía. Miguel estudió la foto y luego abrazó a su esposa levantándola por el aire.

—¡Grandioso, mi amor! —Miguel la apretó con suavidad y luego la puso de vuelta en el piso antes de acercarse al intercomunicador de la oficina—. ¡Atención a todos! ¡Sara y yo vamos a tener otro bebé!

Perpleja, Sara miró a su marido y le dijo:

—Espera, ¿no estás sorprendido, nervioso, ni molesto?

—¡Claro que no! Aunque esto no sea lo que esperábamos, sé que Dios tiene un plan para nosotros. Eres una mamá grandiosa para Pamela y Ángela, y estoy seguro de que todo saldrá para bien.

Aunque se sentía mejor, no fue hasta que se lo dijo a sus hijas que Sara comenzó a entusiasmarse.

—¡Mamá, no puedo creerlo! —dijo Pamela mientras echaba los brazos alrededor del cuello de Sara.

—¡Vamos, ya suéltala! —exclamó Ángela.

—Entonces, ¿en verdad están entusiasmadas con la idea de tener un hermanito o hermanita al que tendrán que ayudar a cuidar? —les preguntó Sara a sus hijas—. Saben que eso quiere decir que tendrán que hacer de niñera sin que se les pague y tendrán que compartir el cuarto.

—Ay, mamá, eso no importa. Será divertido tener a un pequeñito por aquí —Ángela siguió hablando mientras se dirigía al campo de juego—. Y, además, ¡necesito una nueva excusa para llegar tarde todo el tiempo a todas partes!

Pamela miró hacia arriba y gritó para asegurarse de que Ángela pudiera escucharla:

—Mamá, en ese caso, tendrás que tener gemelos.

Luego de un partido en el que el equipo de Ángela salió victorioso, la familia celebró en su pizzería favorita. Miguel levantó su vaso de refresco y propuso un brindis.

—¡Por el comienzo del segundo capítulo en la saga de nuestra familia!

Pamela y Ángela levantaron sus vasos al unísono.

Sara se rió al ver a su adorable familia y levantó el vaso junto a ellos.

—Y esperemos que el segundo capítulo sea al menos la mitad de divertido de lo que ha sido el primero.

¿Cuál ha sido una de las bendiciones más sorprendentes de
tu pequeño?

_____

_____

_____

_____

_____

_____

_____

_____

_____

_____

_____

_____

_____

_____

_____

_____

_____

_____

_____

capítulo 7

La oración
de una madre primeriza

*C*uando la vida se vuelve difícil,

yo soy tu lugar de *refugio*.

Estoy cerca cuando clamas a **mí** en verdad.

Te *protegeré* de los problemas y

te rodearé con *canciones* de liberación.

*E*ntrégame todas tus preocupaciones y

observa cómo te *sostengo* a ti y a tu familia.

Por más **sombrías** que parezcan las cosas,

jamás **dejaré** que el *justo* caiga.

Y nunca dudes de que tus **oraciones** sinceras

como madre justa sean **poderosas** y *eficaces*.

Con victoria,

Tu eterno Dios de refugio

Tomado de Salmos 32:7; 145:18; 55:22; Santiago 5:16

¿Qué clase de madre eres? ¿Eres de aquellas despreocupadas que no llevan la cuenta de cuántos pañales han cambiado ni de cuándo fue la última vez que alimentaron a su bebé? ¿O eres de esas madres demasiado organizadas que llevan cuadros muy detallados de la actividad de su hijo hora por hora? O a lo mejor tu comportamiento sea algo intermedio.

Sea cual sea el estilo que hayas escogido como madre, todas tienen algo en común: el gran amor que sienten hacia sus bebés. Todos hemos escuchado historias acerca de una madre que fue capaz de levantar un auto para salvar la vida de su hijo, o que arriesgó su propia vida para dar a luz al hijo que tenía en el vientre. Hay algo dentro de cada madre que le produce un intenso deseo de proteger a su pequeño. Sin embargo, ¿qué sucede cuando no hay nada que podamos hacer para proteger físicamente a nuestro hijo? ¿Qué sucede cuando la enfermedad o el desastre ponen la vida de nuestro retoño fuera de nuestro control? Haces todo lo posible que es capaz de hacer una madre. Orar. Oras para que Aquel que te dio a tu precioso hijo lo proteja de manera milagrosa. Pides que tu hijo esté siempre envuelto en los brazos del Salvador, en especial cuando se encuentra fuera del alcance de los tuyos.

Aun así, no esperes para orar hasta que el desastre aseste su golpe. Comienza a orar por la protección de tu hijo en este mismo momento. Ora por la salud de tu hijo. Ora por su seguridad. Ora por su salvación. Mientras lo haces, tal vez quieras también elevar una oración de gratitud.

La oración transforma tu corazón en un vaso del amor y del discernimiento divino.

Pam Farrel

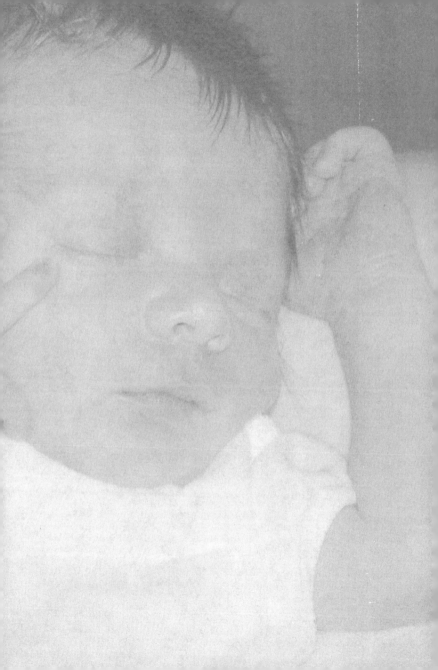

¿Quién tiene el control?

No podía decidir cuál de las dos cosas era mejor: si el tranquilizante sonido de las olas que golpeaban en la arena o la cálida brisa del golfo que le revolvía suavemente los cabellos. *Pero una vez más, la prioridad en este momento no es tomar una decisión*, se recordó Rubí a la vez que se daba vuelta para broncearse la espalda. Rubí y Daniel se habían tomado vacaciones solos por primera vez desde que naciera Paula, de cinco meses de edad. A pesar de la tensión de la semana previa en la que había tenido que hacer malabarismos como gerente de ventas, madre, ama de casa y encargada de todas esas otras tareas que no proporcionan un título, estaba decidida a disfrutar de este fin de semana. Hasta el viaje de cuatro horas hacia la playa fue un placer, ya que hacía tiempo que ella y Daniel no podían conversar sin tener que atender a Paula mientras tanto.

Daniel fue muy amable al coordinar este viaje todo por su cuenta y sin que ella sospechara en absoluto. Alquiló un apartamento, reservó en un elegante restaurante francés y se encargó de que Clara, la hermana de Rubí, cuidara a Paula durante las dos noches que ellos no estarían.

—No lo sé, Daniel —protestó Rubí—. ¡Es la primera vez que vamos a dejar a Paula durante dos noches!

A pesar de que Rubí estaba entusiasmada con el viaje, sus instintos maternales la perturbaban mientras hacía los preparativos para dejar al bebé.

—Paula estará bien —insistió Daniel—. Y sé que sus primas se mueren de ganas de ayudar a Clara a cuidarla. Además, estaremos a solo cuatro horas de aquí, así que si algo sucediera, podemos subir enseguida al auto y regresar a casa.

Rubí no necesitó muchos argumentos para convencerse, ¡ya que la sola idea de dormir sin interrupciones era suficiente!

Y hasta aquí, el fin de semana había sido maravilloso. Se habían deleitado caminando por la playa, tomando sol, cenando en lugares elegantes y durmiendo de un solo tirón. Parecía increíble hasta que oyeron que sonaba el celular de Daniel.

—Hola, habla Clara. No quiero preocuparlos, pero Paula tiene un poco de fiebre. Le di una aspirina para niños y estoy segura de que le bajará la temperatura, pero solo quería que lo supieran. Paula se está divirtiendo de lo lindo jugando con los niños, pero es probable que esté incubando algo. Los mantendré al tanto, así que no cambien sus planes. Los llamaré por la mañana para contarles cómo está.

Rubí estaba más que preocupada.

—Daniel, ¿no crees que debamos regresar a casa? ¿Y si Paula se pone peor?

Daniel, que siempre era la personificación de la calma, trató de tranquilizar a su esposa.

—Tranquilízate, mi amor. Ya escuchaste a Clara. Paula la está pasando bien; solo tiene un poco de fiebre. Esperemos hasta la mañana. De todas maneras, si salimos ahora mismo, no llegaríamos hasta la medianoche y Paula estaría dormida.

Cuando la abrazó, Daniel pudo ver la tensión en el rostro de Rubí.

—Pero si te haría sentir mejor, podemos irnos ahora.

Rubí se relajó un poco en sus brazos fuertes.

—No, creo que tienes razón. Será mejor que durmamos un poco esta noche, pero lo primero que haré en la mañana será llamar a Clara.

La mañana llegó un poco antes de lo previsto cuando Clara llamó a las cuatro y media.

—Paula tiene casi treinta y nueve grados de fiebre y respira con dificultad y de manera irregular. En este momento, me dirijo a la sala de emergencias. Volveré a llamarlos en cuanto tenga alguna novedad.

Daniel y Rubí trataron de no excederse demasiado al superar el límite de velocidad mientras volaban por la autopista. Con el ceño fruncido, Daniel mantenía los ojos fijos en el camino mientras sostenía el volante con una mano y con la otra trataba de calmar las manos temblorosas de Rubí.

—Ay, Daniel, espero que esté bien. ¿Qué habrá sucedido? ¡Estaba bien cuando salimos! ¿Qué le harán los médicos? ¡Me siento tan impotente!

—Sigue orando, mi amor. Eso es todo lo que podemos hacer por ahora —dijo Daniel con calma.

Cuando llegaron al hospital, Clara se encontraba hablando con el médico afuera de la habitación de Paula.

—Ah, aquí llegaron, doctor Lazcano.

El doctor Lazcano era un hombre alto y corpulento, de casi cincuenta años y con una sonrisa amable.

—Le acababa de decir a Clara lo que hemos hecho hasta ahora. Estamos haciendo las pruebas de sangre para saber si esto es viral o bacteriano. En realidad, no sabemos frente a qué nos encontramos, pero la temperatura de Paula se mantiene bastante alta y tiene mucha dificultad para respirar por sí misma. Le hemos colocado una sonda intravenosa y le estamos pasando antibiótico hasta que podamos descartar una infección. Recibe oxígeno de la carpa plástica que rodea su cama. Hasta que no tengamos los resultados de los análisis, estará bajo observación. Pueden pasar ahora.

Rubí no estaba preparada para lo que vio. Se tapó la boca al escapársele un grito ahogado al ver a su preciosa nena debajo de la carpa de oxígeno. Su diminuto cuerpo yacía inerte mientras que el pecho subía y bajaba con dificultad. Vio que la pierna de Paula estaba del todo vendada para asegurar la sonda intravenosa que le colocaron en el pie. Los pequeños labios de la niña estaban azulados y, si Rubí no hubiera sabido lo contrario, hubiera dicho que aquella no era su bebé. Daba mucha lástima verla acostada en esa gran cama del hospital. Aunque Rubí tenía el suficiente dominio propio como para no llorar en voz alta, el corazón le dolía al ver el diminuto cuerpo lánguido que decían que era su pequeña. Cuando Rubí metió la mano debajo de la carpa para acariciar el bracito de su hija, Daniel le sostuvo con fuerza el hombro para brindarle el aliento de su presencia.

El día pareció durar una semana, mientras el médico pedía un análisis tras otro, tratando de determinar qué tenía Paula. La pequeña se despertaba y volvía a caer en un sueño intranquilo mientras las enfermeras pinchaban y movían su cuerpo.

Rubí y Daniel estaban agradecidos por la amabilidad del personal, pero las comodidades que les encontraron para dormir no eran demasiado lujosas. Daniel durmió en un sofá y Rubí en la cama del hospital, debajo de la carpa de oxígeno con la pequeña Paula en los brazos. La habitación estaba oscura a no ser por la brillante luz de la calle que se filtraba por entre las cortinas.

Allí acostada en medio del silencio, escuchando el sonido esporádico del zumbido del oxígeno, oró como nunca antes lo había hecho. «Querido Padre, si pudiera, haría cualquier cosa por estar yo en el lugar de mi bebita en este momento. Me siento muy impotente y me doy cuenta de que no tengo control sobre esta situación. Todo lo que sé hacer es entregarte por completo esta situación y tener fe en que tu plan es divino». Las lágrimas le corrían por las mejillas al continuar: «Te alabo por bendecirme con esta hermosa niña y te agradezco por darme la oportunidad de comprender un poco más el amor que sientes por todos tus hijos. En este momento, te pido que devuelvas por completo la salud al cuerpo de Paula para que tengamos el gozo de criarla de modo que se convierta en una mujer de Dios. Pero si esa no es tu voluntad», hizo una pausa para poder respirar entre los sollozos, «sé, querido Padre, que tú la cuidarás mucho mejor de lo que yo jamás podría cuidarla, así que me someto a tu voluntad». Al terminar su oración, Rubí pudo al fin caer en un sueño reparador.

A la mañana siguiente, el doctor Lazcano hizo su ronda temprano.

—Bueno, parece que lo que tenía Paula, aunque todavía no sabemos qué fue, era bacterial. Le ha bajado la fiebre y los antibióticos están comenzando a hacer efecto. Por lo que puedo ver, podemos suspender el oxígeno a menos que las cosas cambien. Necesitamos que se quede aquí otro día más, pero si continúa progresando, podrá volver a casa mañana por la mañana.

Mucho más aliviados, Rubí y Daniel se turnaron para tener en brazos a Paula, que parecía haber recobrado un poquito las fuerzas. Rubí le dio las gracias al médico por toda su ayuda y luego se dio vuelta para mirar a Daniel.

—Daniel, he aprendido muchísimo a través de esta terrible prueba. Me he dado cuenta de que no tengo tanto control sobre mi vida y la de mi familia como pensaba. Y, en realidad, me siento mucho mejor al saberlo. Me siento muy aliviada al permitir que Dios tenga el control. Voy a valorar lo que tengo y estaré agradecida por la bendición de la maternidad junto con las alegrías que trae amar a nuestra hija.

Daniel tenía a Paula en un brazo y con el otro abrazó a su increíble esposa; la miró a los ojos y le dijo:

—Yo también me siento muy agradecido.

Escribe la historia de un momento difícil que te haya enseñado a confiar más en Dios.

_____

_____

_____

_____

_____

_____

_____

_____

_____

_____

_____

_____

_____

_____

_____

_____

_____

_____

_____